Les Véritables Régles de
l'Ortografe
Francèze
Par
Louis
De
L'Esclache
avec
Privilège
du
Roi

LES VÉRITABLES RÉGLES

DE

L'ORTOGRAFE FRANCÊZE,

OV

L'Art d'aprandre an peu de tams à écrire côrectemant.

Par *LOŸIS DE L'ESCLACHE.*

A PARIS,

Chés
L'Auteur, proche le Pont-neuf, an la ruë Neuve de Guenégaud.

ET

Lavrant Rondet, ruë S. Iaques, à la longue Alée, vis-à-vis la ruë de la Parcheminerie.

M. DC. LXVIII.

AVEC PRIVILE'IE DV ROI.

LES VÉRITABLES RÉGLES DE L'ORTOGRAFE FRANCÉZE.

CHAPITRE I.

*De la conformité de l'Ortógrafe Fran-
céze avec la prononsiasion.*

COMME les régles que je donnerai dans ce petit Traité,
sont opozées à céles que les
Grammairiens ont établies
sur l'üzaje ordinaire; je prie le Lecteur
de le lire antiéremant, avant que d'an
jujer : car les opinions des hommes
sont trés-diferantes, touchant l'Ortôgrafe Francéze.

Les uns panſent qu'éle doit être conforme à la parole ; & les autres âſûrent
qu'éle doit marquer l'origine des mos
que nous amploïons pour exprimer nos
panſées.

Ceus qui ne ſavent pas la Langue Latine , & qui ont de l'eſprit , dizent que
nous devons écrire comme nous parlons : mais quelques Savans ſoûtiénent
que céte metôde , nous faizant perdre
l'origine des paroles , nous ampécher ét
d'an conétre la propre ſignificaſion.

Il ſamble que les premiers , qui n'ont
pas âſés de force pour bien établir leur
opinion , n'aient pas âſés d'autorité
pour nous oblijer à la ſuivre. Comme
les autres ne peuvent ſoûfrir que l'on
face injure à la Langue Latine , ni à
la Gréque , ils s'atachent à leurs ſantimans avec beaucoup d'opiniâtreté.

Ie ne veus pas condaṁner ces deus
Langues ; puî qu'éles ont leur beauté ,
aûſi bien que leur üzaje : mais je puis
dire (ſans m'élogner de la vérité) que
ceus qui ont un atachemant particulier
pour éles, ne ſont pas ordinairemant les
plus éclairés dans la Langue Francéze.

Ils font famblables à ceus qui parlent continuélemant de ce qui regarde les autres, fans panfer à leurs propres âfaires : & il ârive fouvant que dans le chois des chozes qui font utiles pour le bien public, le jujemant de ceus qui ont beaucoup de lumiére fans étude, doit étre préferé à l'opinion de ceus qui ont une Bibliotéque antiére dans leur téte. Céte vérité parét dans la difpute que l'on fait fur l'Ortôgrafe Francéze, où il faut plûtôt fuivre le fantimant de ceus qui n'ont point d'étude, que celui de quelques Savans qui le méprizent.

Il peut étre confirmé par de bonnes raizons ; câr les mémes principes qui nous infégnent que la beauté des Sianzes depand de l'ordre ; & que la Langue Francéze ét trés-parfaite, prouvent que la prononfiafion des mos qui la compozent, doit étre la régle de l'Ortôgrafe que nous i devons obferver. Car comme nos confepfions font le portrait des chozes que nous pouvons conétre ; & que la parole ét celui de la panfée, il ét aûfi trés-certain que l'écriture ét le portrait de la parole.

L'ordre ne reluit pas dans les écris de tous les Filozofes ; ils avoüent pourtant d'vn commun consantemant, qu'il nous aide à bien consevoir les chozes que nous pouvons conétre : car les consepsions que nous pouvons avoir des chozes qui sont dans la nature, ou des axions que nous faizons, sont des portrais qui les reprézantent ; & le portrait d'une choze la doit reprézanter comme éle ét pour être véritable.

Les chozes qui sont dans la nature, ï sont dispozées par ordre ; & cét ordre ét une preuve tres-évidante de la sajése divine ; c'ét pourquoi il faut conétre les chozes par ordre pour les bien conétre.

Il faut faire le méme jujemant des axions de l'antandemant, de la volonté, & de l'apétit sansüel ; c'ét à dire, qu'il faut âsûrer, que celui qui an veut avoir une parfaite conéfance, an doit conétre l'ordre : car éles sont refües par ordre dans les facultés qui les produizent.

Comme la parole ét le portrait de la pansée, la beauté d'une langue consiste

principalemant à exprimer les chozes
felon l'ordre des confepfions : d'où
vient que la Langue Francéze ét trés-
parfaite , à cauze que l'ordre de fes ex-
préfions répond à celui des panfées.
Comme les Noms ï précédent les Verbes , on ï fuit l'ordre de la nature ;
car les Noms , qui fignifient les chozes , ou les perfonnes , doivent précéder les Verbes , qui fignifient ordinairemant les axions.

Anfin puîque l'écriture ét le portrait de la parole , la prononfiafion
des mos qui compozent la Langue
Francéze , doit être la régle de l'Ortôgrafe que nous ï devons obferver.

Nous fuivrons céte metôde , fi nous
confidérons les avantajes que le publlic
an poûra refevoir.

CHAPITRE II.

Des avantajes que le public poûra re-
fevoir de la conformité de l'Ortôgrafe
Francéze avec la parole.

OMME l'on ârive par de-
grés à la perféxion, il ï a
long-tams que l'on tâche de
réduire l'Ortôgrafe Francéze
à la prononfiafion, & l'ordre que nous
voions relüire à prézant dans la Iuftice,
dans les Finances, & dans la Police,
noûs fôlicite à métre la derniére main
à cét ouvraje.

Cand nous confidérons que nôtre
victorieus Monarque, a contraint dans
une Campagne les plus grandes vîles de
Flandre à le reconétre pour leur Sou-
verain ; & que dans la rigueur de
l'Hiver il a pû an tréze jours âfujétir
toute la Franche-Comté à fon obeïfan-
ce, nous pouvons crére qu'il ne s'ocu-

pe qu'à faire la guerre. Mais cand nous faizons réfléxion sur ses axions à l'égard de la Réligion, de la Iustice, des Siances, & des Ars, nous jujons qu'il prand un grand soin des principales chozes qui regardent la conservasion & la beauté des Etas : car les blasfémateurs sont punis selon la rigueur de ses Ordonances : il ne donne point de grace aus infracteurs de céles qu'il a faites contre les duels : il veut que l'on obserue éxactemant céles qu'il a établies pour regler les procédures de la Iustice : Les Savans de son Roïaume, & méme ceus des Roïaumes les plus élognés, conéfent par les gratificasions qu'ils an resoivent l'estime qu'il fait de la Siance. Anfin l'établisemant des Académies, qu'il antretient pour la perféxion des plus beaus Ars, augmantera la gloire de la France : car les Peintres, les Sculpteurs, et les Architectes i poûront atirer à leur tour les Italiens, pour admirer la beauté de leurs ouvrajes. L'ornemant que l'on ajoûte tous les jours à Paris, la néteté de ses ruës, et la sûreté d'i marcher la

A v

nuit i feront venir un grand nombre
d'Etrangers. Comme ils voudront
aprandre nôtre Langue, nous sommes
an quelque fafon oblijés de leur an fa-
ciliter l'intélijance ; et le meilleur
moïen que nous puîfions prandre pour
âriver à céte fin, ét de réduire nôtre
maniére d'écrire à nôtre prononfiafion.

Nous ne travaillerons pas feulemant
an cela pour les Etrangers ; mais nous
donnerons ancore aus anfans la facilité
de lire les livres qui feront écris an nôtre Langue : et fi nous éxaminons d'où
vient que la plûpart des Francés ne
prononfent pas bien les paroles qu'ils
métent an uzaje pour exprimer leurs
panfées, nous trouverons que ce defaut vient de celui de l'Ortôgrafe qui
ne répond pas à la prononfiafion.

Nous devons donc écrire comme
nous parlons ; pour contanter les
E'trangers ; pour donner aus anfans la
facilité de lire les livres qui feront écris
an nôtre Langue ; & pour découvrir
aus uns et aus autres la véritable prononfiafion des mos qui la compozent.

CHAPITRE III.

Des Régles que nous devons suivre, pour randre l'Ortôgrafe Francéze conforme à la prononsiasion.

 L faut donner quelque conéſance de la diferance des létres, & de quelques marques qui ſervent à l'intélijance de l'écriture, avant que d'établir les régles qu'il faut ſuivre pour écrire comme l'on parle.

Les Grammairiens divizent les létres an Voïéles et Conſones.

Les premiéres ſont céles qui peuvent faire une vois diſtincte ; & qui peuvent compozer une ſilabe, ou un mot, ſans le ſecours des Voïéles. *Conſoney.*

Les Côſones doivent étre jointes à quelque Voïéle, pour faire un ſon diſtinct ; d'où vient qu'on ne peut faire aucune ſilabe ſans Voïéle.

A vj

les Voïéles font; ou Simples, c'ét à dire céles qui fe prononfent feules; ou Compozées, c'ét à dire céles qui fe prononfent auec une autre.

Il ï a cinq Voïéles Simples, qui font *a*, *e*, *i*, *o*, *u*.

Eles font; ou Longues; ou Bréves.

Les Voïéles longues font céles dont la prononfiafion ét de longue durée, comme dans ces mos *pâfaje*, *être*. Nous tâcherons de les marquer d'un acfant aigu, ou circonflêxe, pour aprandre la véritable prononfiafion de nôtre Langue.

Les Voïéles Bréves font céles qui fe prononfent promtemant, comme dans ces mos, *facilité*, *docilité*.

Les Voïéles compozées (que les Grammairiens apélent diftongues) font; ou propres; ou impropres.

On antand diftinctemant dans les premiéres le fon de deus Voïéles, qui les compozent, comme dans ces mos *jeu*, *Ouvrier*.

Les diftongues impropres font céles qui font antandre un fon, qui ne participe point des Voïéles dont éles font compozées , comme *ai* se prononse comme un *é* ouvert dans les mos suivans *faire*, *Palais* , je *dirai*, &c.

Il faut remarquer que l'*e*, l'*i*, & l'*u*, se prononsent d'une maniére diferante.

L'*é* ét ; ou masculin ; ou féminin ; ou ouvert ; ou plus ouvert.

L'*e* masculin marque une prononsiasion forte et bien articulée , comme celui qui finit ces mos *divinité* , *majorité*. On le marque ordinairement d'un acsant aigu.

L'*e* féminin ét celui dont la prononsiasion ét préque imperceptible , comme celui qui ét à la fin de ces mos *force* , *prudance*.

L'*é* ouvert ét celui qui se prononse d'une bouche plus ouverte que le masculin, comme celui qui ét dans la derniére silabe de ces mos *objét* , *sujét*.

L'*é* plus ouvert est celui qui se prononse d'une bouche plus ouverte que l'*é* ouvert , comme celui qui ét dans la premiére silabe des mos suivans, *étre* , *téte*, &c.

L'*i*, & l'*u* deviénent Consones , cand

ils précédent les autres Voiéles ; &
qu'ils compozent avec éles une méme
filabe ; comme dans ces mos *jeune,
jour, déja, majefté, vertu, vérité,* &c.

L'*u* ét aûfi Confone, cand il précéde
l'*r* qui ét devant une Voiéle, au commanfemant d'une filabe, comme dans
ces mos, *vivre, livre, vrai,* &c.

L'*i* Confone ét figuré an céte maniére (j) pour le diftinguer de l'*i* Voiéle.

L'*u* Confone doit étre figuré an céte
fafon (v) au commánfemant ou au milieu des mos , pour le diftinguer de l'*u*
Voiéle.

Les Grammairiens ajoûtent l'*y* au
nombre des Voiéles ; mais céte létre ét
inutile dans nôtre Langue : car ceus qui
la métent à la fin des mos qui fe terminent par *i* , fuivent l'éreur de quelques
Maîtres Ecrivains, et des Compoziteurs
d'Imprimerie.

Les premiers voïant, que l'*i* qui ét à
la fin des mos n'étét pas propre à refevoir l'ornemant des parafes dont l'*y*
ét fufceptible , ont amploïé l'*i* Grec,
pour faire patétre davantaje leurs
éxamples.

Comme l'amploi de l'*i* ét tres-com-
mun dans l'écriture, les Compoziteurs
d'Imprimerie ont fouvant recours à
l'*y*, cand la câféte, ou (comme ils parlent) le câfetin du premier eſt vuide.

Cand on met l'*i* Grec à la fin de ces
mos *moi*, *Roi*, *loi*, on an fait deus ſi-
labes ; car l'*i* Grec ſe doit prononſer
ſéparémant.

Lor qu'il ét au milieu de deus Voiéles, il ſe doit prononſer comme deus *i i*
ſéparés, c'ét pourquoi nous i pouvons
métre l'*i* avec deus petis poins fur céte
létre, comme dans ces mos *moïen*,
voiant.

Il faut dire la méme choze de l'*i* Grec
que l'on mét au commanſemant de
quelques mos, & méme de celui qui
fait vn mot, c'ét à dire, que nous i devons amploier l'*i* avec deus petis poins
fur céte létre, au lieu de l'*y*, comme
dans ces mos *il i ét*, *éle i parle*, *il i a*,
&c.

Comme l'*i* Grec ne doit pas étre à la
fin ; & qu'il n'ét pas necéſaire de le
métre au commanſemant, ni au milieu
des mos, il doit étre retranché de nôtre

Langue, pour éviter le mauvais üzaje
que nous en poûrions faire.

Aprés avoir donné quelque conéfance de la diferance dés létres, la propozifion que nous avons faite au commanfemant de ce Chapitre, nous oblije à parler de quelques marques qui
fervent à l'intélijance de l'écriture,
qui font l'Apoftrofe, l'union, & la
divizion.

L'Apoftrofe ét une figure femblable
à une Virgule, qui marque ordinairemant le retranchemant d'une Voïéle,
pour éviter une mauvaize prononfiafion; comme l'on écrit, *l'efprit*, et non
pas *le efprit*; *s'étonner*, & non pas *fe
étonner*; *l'efpérance*, & non pas *la
efpérance* &c.

L'Apoftrofe fe fait préque toûjours,
cand une Voïéle ét au commanfemant
d'un mot qui fuit les mos d'une filabe
terminée par une autre Voïéle; comme
nous écrivons *l'ame*, au lieu de *la ame*;
j'aime, pour *je aime*, &c.

Nous ne devons pas toûjours pratiquer céte régle, fi nous voulons éviter
quelqu'obfcurité dans nôtre difcours,
comme

comme nous devons écrire *ſi éle*, et non pas *s'éle* ; *ſi Adam*, et non pas *s'Adam*.

L'Apoſtrofe ſe fait aûſi, cand une *h* muéte ét au commanſemant d'un mot qui ſuit les mos d'une ſilabe terminée par vne Voïéle ; comme l'on écrit *l'homme*, et non pas *le homme* ; *l'honneur*, et non pas *le honneur* ; *l'hiſtoire*, & non pas *la hiſtoire*, &c.

Lor que la létre (*h*) ét aſpirée, c'ét à dire, qu'éle ſe prononſe avec quelque véhémance, on ne retranche pas la Voïéle, comme l'on dit *la haïne*, et non pas *l'haïne* ; *le Héros*, & non pas *l'Héros* ; *la harangue*, et non pas *l'harangue*. Nous devons pourtant dire *l'héroïne*, et non pas *la héroïne*.

L'uzaje nous oblije à nous ſervir de l'Apoſtrofe dans ces mos *antre, puíque, quelque*, et *júque*, cand une Voïéle ét au commanſemant du mot ſuivant, comme nous devons écrire, *antr'acte*, pour *antre acte* ; *puíqu'il*, pour *puíque il* ; *qu'elqu'un*, pour *quelque un* ; *júqu'à midi*, pour *júque à midi*.

L'vzaje autorize l'Apoſtrofe dans le

B

mot, *grande*, quoi qu'il foit fuivi d'une
Confone ; comme l'on dit *grand' chambre*, *grand' chére*, &c.

On ajoûte fouvant une *l* avec une
Apoftrofe devant *on*, pour randre la
prononfiafion plus agréable, an évi-
tant la rancontre des Voïéles, comme
dans ces fafons de parler, *comme l'on
écrit*; *comme l'on parle.*

Anfin cand un Verbe qui ét terminé par une Voïéle précéde *il*, *éle*, et
on, il faut métre un *t*, devant ces parti-
cules, auec une Apoftrofe antre-deus,
pour randre la prononfiafion plus
agréable, comme dans les paroles fui-
vantes, *combien i a-t'il de Commande-
mans de Dieu ; parla-t'éle de la vertu ;
parle-t'on de guerre.*

On fe fert de l'union, qui ét marquée par une petite ligne, an céte fafon (-) ou cand à la fin d'une ligne il
faut divizer un mot an deus ; comme
propozi-fion, *defini-fion*; ou pour joindre deus mos an un ; comme *très-mal*,
bon-heur, *mal-heur*, *Sur-intandant*,
moi-méme, &c.

Cand on veut féparer une Voïéle

d'vne autre, on mét deus poins defus ; ou pour ne pas joindre deus filabes an une ; comme dans ces mos *aïant*, *moïen*, *Poëte*, *heroïque*, ou pour montrer que l'*u* doit étre pris pour une Voïéle, et non pas pour une Confone, comme dans ces mos *loüanje*, *joüifance*, *ébloüir*, &c.

La multitude des régles que donnent les Grammairiens, pour anfegner l'Ortôgrafe Francéze, peut faire naître la confuzion dans l'Efprit : car ils confondent ordinairemant les régles qui aprénent à bien parler, avec céles qui regardent la perféxion de l'écriture.

Comme la plûpart des régles qu'ils établifent, font fondées fur un üzaje qui répugne à la raizon, la maniére d'écrire de leurs Sectateurs, ne peut refevoir l'aprobafion de ceus qui font raizonnables.

Ils donnent pluzieurs régles pour le plurier des Noms ; comme lor qu'ils âfûrent que les Noms qui ont leur fingulier terminé an *al*, ou *ail*, ont ordinairemant leur plurier terminé an *aus* ; comme nous dizons *animal*, *animaus* ;

travail, travaus, &c.

Ils donnent aûſi pluzieurs régles pour les Noms Ajectifs ; an la maniére ſuivante.

Les Adjectifs dont la terminaizon maſculine ét an *c*, chanjent le *c*, an *che*, ou *que*, an leur terminaizon féminine ; comme l'on dit *un homme blanc*, et *une muraille blanche* ; *un homme public*, et *une marchande publique*.

Ceus qui ſe terminent en *é* maſculin, ajoûtent ſeulement *e*, au féminin ; comme l'on dit *un Palais doré*, et *une chambre dorée*.

Ces régles, & pluzieurs autres que donnent les Grammairiens ſur ce ſujet, ſont bonnes, pour anſegner la Langue Francéze à ceus qui l'ignorent : mais éles ne doivent pas étre amploiées, pour aprandre l'Ortôgrafe à ceus qui ſavent la Langue Francéze : car éles ne leur aprénent rien de nouveau ; et il ét certain qu'éles regardent la perféxion de la parole, & non pas céle de l'écriture.

Il faut ſuivre les maniéres d'écrire qui ſont autorizées par l'uzaje, cand éles ſont conformes à la prononſiaſion :

d'où vient que nous devons écrire,
faire, je ferai, je dirai, j'aimerai, et
non pas *fére, je feré, je diré, j'aimeré:*
car l'Ortôgrafe des premiers mos, qui
ét aprouvée par l'uzaje, ét trés-con-
forme à la prononfiafion.

Le précepte que nous venons d'établir, prouve que nous devons fuivre
l'uzaje dans les premiéres filabes des
mos prononfés an *fe*, qui commanfent; ou par *f*; comme dans ces mos
*fec, fegond, féance, Secretaire, fecours,
fecret, féculier,* &c. ou par *c*; comme
dans ces mos, *célébre, cercle, cérémo-
nie, cerneau, certificat, cerize, certitude,
certain, cerveau, Céleftin,* &c.

Il faut aûfi fuivre l'uzaje dans les premiéres filabes des mos prononfés an *fi*,
qui commanfent; ou par *f*; comme dans
ces mos, *figne, fiécle, fignature, fiéje, fignificafion, fiance,* &c. ou par *c*; comme
dans ces mos *cierge, ciboire, Ciel, cilice,
cizeau, cité, cinq, citron, circonferance,
cidre, civilité,* &c.

Il ne faut pas fuivre aveuglémant
l'uzaje: car comme il faut côrijer les
defaus d'un portrait par fon original,

fi les maniéres d'écrire ne répondent pas
à la prononſiafion , il ét tres-utile de
les chanjer , puîque le portrait d'une
choze la doit repréſanter comme éle ét
pour étre véritable.

Il faut demander auſ grans protecteurs de l'uzaje, de quéle maniére on
écrivét autrefois le mot *écriture* : s'ils
veulent parler véritablemant , ils diront qu'on l'écrivét an céte faſon
eſcripture. Il î a long-tams que l'on a
retranché le *p* , ſans reſpecter la Langue Latine. On a aûſi retranché l'*ſ*, an
metant un acſant aigu ſur l'*é* ; & par ce
moïen l'Ortôgrafe de ce mot a été réduite à ſa prononſiafion. On doit
faire la méme choze à l'égard des autres
mos ; car la méme raizon qui nous a
fait retrancher de tams an tams pluzieurs létres dans nôtre maniére d'écrire , nous oblije à retrancher céles qui ne
ſe prononſent pas.

La méme raizon qui nous a fait ôter
l'*ſ* de la premiére ſilabe du mot *eſtre*,
an métant un acſant aîgu ſur l'*é*, nous
oblije à l'ôter du mot *eſt* ; c'ét pourquoi nous devons écrire *il ét* ; puîque

nous écrivons *être.*

Il ét urai que ceus qui ont quité le parti du bon sans, pour suivre aveuglémant celui de l'uzaje, ont souvant condanné les auteurs de ces chanjemans: mais ils ont été contrains (malgré leurs exclamasions) ou de pâser pour ignorans dans l'Ortógrafe Francéze ; ou de resevoir les maniéres d'écrire qu'ils aveent condamnées. Ils sont en peril de tomber dans la méme confuzion, s'ils s'opozent à la metôde qui nous prescrit d'écrire comme nous parlons.

Il ne faut pas condanner dans les vieus livres ces fasons d'écrire, *j'aimois, il aimoit, je parlois, il parloit, ils parloient*, car éles ont été conformes à la parole de leurs auteurs : mais comme la prononsiasion an a été adoucie, ceus qui les retiénent à prézant, aprés avoir aprouvé le chanjemant de leur original, sont ridicules de préferer vn mauvais uzaje à la raison. Nous devons donc écrire *j'aimés, il aimét, je parlés, il parlét, ils parléent*, &c.

Si nous voulons donner le moien d'écrire córectemant, nous devons

éxaminer les cauzes des fautes que nous
ï pouvons faire.

Eles viénent du déréglemant ordinaire des hommes , et du grand atachemant que les Grammairiens ont à la
Langue Latine , & à la Gréque.

La plûpart des hommes font fi dére-
glés , qu'ils font ce qu'ils devréent éviter ; & qu'ils ne font pas ce qu'ils devréent faire. Si nous cherchons avec
foin la premiére cauze de ce déréglemant , nous trouverons qu'il vient ; ou
de la pâfion ; ou de l'ignorance ; ou de
l'uzaje.

La pâfion , qui fait tomber les hommes dans le vice qu'ils devréent éviter,
les élogne de la vertu qu'ils devréent
pourfuivre.

L'ignorance ét cauze que pluzieurs
Filozofes cherchent la conéfance des
chozes qui leurs font inutiles ; & qu'ils
ne s'appliquent pas à céles qui poû-
réent les conduire à la conéfance, & à
l'amour de Dieu.

Cand les Grammairiens veulent regler nôtre maniére d'écrire par l'uzaje
ordinaire , ils fe trompent fouvant ; ou
au

an metant des létres où éles ne doivent pas étre ; ou an mancant de les métre à la place qu'éles doivent ocuper.

Ils tombent principalemant dans ce defaut, à l'égard du *z*, & de la létre *x*.

Ils métent ordinairemant le *z*, au plurier des Noms qui sont terminés an *é* masculin ; comme dans ces mos, *les bontez, les dignitez, les beautez*, &c.

Mais l'*s* ét âfectée aus pluriers ; et si nous considérons bien la prononsiasion de céte silabe *és*, marquée d'un acsant aigu, nous trouverons que la létre *s* i ét plus naturéle que le *z* ; comme dans ces mos *les bontés, les dignités, les beautés*. Nous devons par la méme raizon métre l'*s*, & non pas le *z*, à la fin de ces Verbes *vous avés, vous parlés, vous parlerés, vous aimerés*, &c.

Cand ils dizent que l'*s* antre-deus Voïéles se doit prononser comme un *z*, ils ne métent pas le *z* à la place qu'il doit ocuper : car si l'*s* antre-deus Voïéles se prononse comme un *z* ; pourquoi n'i métra-t'on pas le *z* ? c'ét pourquoi nous devons écrire *choze, roze, dezirer, pro-*

C

pozer, et non pas *chofe*, *rofe*, *defirer*, *propofer*. Mais cand la létre *ſ*, ſe ran-contrera antre-deus Voïéles, éle ï retiendra ſa prononſiaſion naturéle; comme dans ces mos *pâſaje*, *ſajéſe*, *puîſance*, *fôſe*, *aûſi*, &c.

Cand on mét la létre *x*, à la fin de la plûpart des mos, on la mét où éle ne doit pas étre ; d'où vient que nous ne devons pas écrire *deux*, *dix*, *les animaux*, *la voix*, *les loix*, &c ; mais nous devons écrire *deus*, *dis*, *les animaus*, *la vois*, *les lois*, &c. car ſi nous conſidérons la prononſiaſion de tous ces mos, nous trouverons qu'ils doivent étre terminés par l'*s*, & non pas par l'*x*. Le defaut des Grammairiens ſur ce ſujét, vient des Compoziteurs d'Imprimerie, qui ont abuzé de la létre *x*, pour épargner l'*s*, dont la câſéte étét trop tôt épuizée.

Si l'on ſe trompe, an metant la létre *x* où éle ne doit pas étre ; on ſe trompe aûſi, an mancant de la métre à la place qu'éle doit ocuper ; comme au lieu de ces trois létres *cti*, on doit métre la ſilabe *xi*, dans les mos qui ſe prononſent par *xi* ; comme nous ne devons pas écrire *action*, *traduction*, *perfection* ; mais nous devons écrire *axion*, *traduxion*, *perféxion*, si nous voulons randre l'écriture de ces mos conforme à leur prononfiafion.

L'atachemant que la plûpart des Grammairiens ont à la Langue Latine, & à la Gréque, les oblije d'établir des régles fur un üzaje qui répugne à la raizon, cand ils veulent anfegner l'Ortôgrafe Francéze ; comme lor qu'ils dizent que l'on doit écrire les Noms qui font prononfés an *ca*, ou *can*, tantôt par *qua*, ou *quand* ; & tantôt par *ca*, ou *can*. Céte régle réduit tous les Francés à la necéfité de favoir la Langue Latine, pour aprandre l'Ortôgrafe de leur Langue ; c'ét pourquoi il faut âfûrer que nous devons écrire par *ca*, ou *can* tous les mos qui ont les mémes prononfiafions ; comme les mos fuivans, *calité*, *catre*, *catriéme*, *carante*, *cadruple*, *cárte*, *catorze*, *cantité*, *cand*, *cant*, &c.

Ils établifent aûfi une régle fur un üzaje qu'il faut méprizer, cand ils fotttiénent que les Noms qui font terminés par *çu*, & *çon* ; et que l'on prononfe comme *fa*, & *fon*, demandent une petite marque fous le *c* , pour montrer qu'il doit étre prononfé comme un *f*; comme dans ces mos *il prononça, il commança, façon, garçon, leçon,* &c.

Comme la petite marque qui ét fous le *c* , fignifie qu'il doit étre prononfé comme un *f*, nous i devons métre l'*f*; an la maniére fuivante, *il prononfa, il commanfa, fafon, garfon, lefon,* &c. Puîque nous devons écrite ces mos *il prononfa, il commanfa* par un *f*, nous devons amploïer la méme létre dans ces mos *prononfer, prononfiafion, comman- fer, commanfemant.* Céte régle nous aprand, que nous devons écrire par un *f* ces mos *confevoir, confepfion, refevoir*; puî que nous devons écrire par la méme létre ces mos *ils confoivent, ils re- foivent.*

Les Grammairiens fe trompent aûfi, à cauze du grand atachemant qu'ils ont à la langue Latine, lor qu'ils dizent que lesNoms qui font prononfés an *fion,* font ordinairemant terminés par *tion* ; comme ces mos *definition* , *propozition*. Mais comme ils font prononfés an *fion*, ils doivent étre écris an la maniére fuivante *définifion*, *propozifion*.

Les Grammairiens donnent pluzieurs régles, pour montrer qu'il faut écrire, tantôt par *a*; & tantôt par *e* les Noms qui font prononfés an *dance*, *gance*, *lance*, *mance*, *pance*, *rance*, *fance*, *tance*, *zance*.

Les régles qu'ils donnent fur ce fujét font; ou inutiles; ou fondées fur un uzaje qui répugne à la raizon : car il faut amploier l'*a*, & non pas l'*e* dans tous les Noms qui font prononfés an *ance*; comme dans les mos fuivans *prudance*, *intélijance*, *violance*, *clémance*, *continance*, *difpance*, *conferance*, *efance*, *pénitance*, *prézance*. On prononfét autrefois tous ces mos an *ence*, aûfi bien que les mos Latins dont ils dérivent: mais comme leur prononfiafion a été chanjée, il an faut aûfi chanjer la maniére d'écrire; puî qu'un portrait doit répondre à fon original.

La régle que nous venons d'établir, détruit céle que donnent les Grammai-

riens , cand ils âſûrent que l'*e* devant
l'*m* , et l'*n* , ſe prononſe quelquefois
comme vn *a* ; comme dans ce mot *en-*
tendement : car ſi l'*e* , ſe prononſe comme un *a* ; pourquoi n'ï metra-t'on pas
un *a* ? pour donner aus Etrangers , &
aus anfans la facilité de lire les mos
ſuivans *antandemant* , *antandre* , *antre* ,
commanſemant , *tams* , &c.

On dira que la pratique de céte régle,
ſera cauſe d'une mauvaize prononſiaſion , lor que l'*e* qui précédera l'*n* , ſera
aprés le *c* , et le *g* : car ſi nous chanjons
l'*e* an *a* dans ces mos *innocent* , *diligent* ,
nous les écrirons an céte maniére *inno-*
cant , *diligant*.

Nous éviterons ces mauvaizes pro-
nonſiaſions , ſi nous chanjons le *c* an *ſ* ,
& le *g* an *j* Conſone dans ces mos *inno-*
ſant , *dilijant*.

Comme les Grammairiens ſont d'a-
cord que le *g* devant l'*e* , ſe prononſe
comme un *j* Conſone , nous ï devons
amploïer l'*j* Conſone, plûtôt que le *g*
c'ét pourquoi nous ne devons pas écri-
re *agent* , *engendrer* , *génération* , *juge-*
mant , *juger* , *changer* , *ſagéſe* , &c. mais

nous devons écrire *ajant , anjandrer , jénérafion , jujemant , jujer , chanjer , fajéfe ,* &c.

On fe fert ordinairemant de *ph* , au lieu de la létre *f,* dans les mos qui font dérivés de la Langue Gréque, pour an marquer l'étimologie: mais il ne faut pas réduire tout le monde à la necéfité de favoir la Langue Gréque , pour apran-dre l'Ortôgrafe Francéze ; c'ét pour-quoi nous devons écrire les mos fui-vans par *f, Filozofie , Ortôgrafe , Cofmo-grafie , Blasféme , Epitafe , Fizique ,* &c.

La méme raizon nous oblije d'écrire les mos fuivans fans *b, Téologie , metô-de , Catôlique Crétien ,* &c.

Il faudrét fans doute condamner un Médecin , qui cauzerét une maladie pour an combatre une autre ; et un Ora-teur , qui ferét naître l'ambifion dans le cœur d'un Prince , pour i étoufer le dezir de vanjance. Il faut aûfi blâmer les Grammairiens , qui font cauze d'une mauvaize prononfiafion , par la méme régle qu'ils donnent pour an éviter une autre.

C iiij

Ils dizent que le *g*, se prononse quelquefois comme un *j* Consone, devant
a, *o*, *u*, an metant un *e*, antre le *g*, et
a, *o*, *u* ; comme dans ces mos, *jugea*,
jugeons, *gageure*. Ils métent sans doute
un *e*, antre le *g*, & *a*, *o*, *u* pour éviter
ces prononsiasions *juga*, *gons*, *gagu-*
re ; mais ils ne considérent pas qu'ils
font cauze d'une mauvaize prononsiasion, par la méme régle qu'ils donnent
pour an éviter une autre. Nous ne tom-
berons pas dans leur faute, si nous amploïons l'*j* Consone, au lieu du *g*, an
céte maniére *juja*, *jujons*, *gajure* : car
puîqu'ils avoüent que le *g*, se prononse
quelquefois comme un *j* Consone, devant *a*, *o*, *u*; pourquoi n'i métent-ils pas
un *j* Consone ?

Sextus Pompéius nous aprand qu'a-
vant Ennius les Romains ne doubleent
point les Consones dans leurs écritures,
ce Poëte aïant été le premier qui comme Grec prit céte liberté, qu'on sui-
vit dépuis à son éxample. Il ne faut pas
suivre les régles que donnent les Grammairiens pour les doubler dans l'Ortôgrafe Francéze ; car éles sont fondées

ſur un üzaje qui répugne à la raizon ;
comme cand on prononſe la lettre ſ,
antre-deus Voïéles , ils la doublent
toûjours ; à cauſe (dizent-ils) qu'un ſ
ſeul antre-deus Voïéles , ſe prononſe
comme un ʒ. Mais cand il ſe prononſe
comme un ʒ, on i doit métre le ʒ ; c'ét
pourquoi il n'ét pas necéſaire de le doubler , lor qu'il ſe rancontre antre-deus
Voïéles ; puî qu'il i retient ſa prononſiaſion naturéle ; et il faut métre ordinairemant un acſant circonfléxe , ou aigu
ſur la Voïéle qui le précéde ; comme
dans ces mos *páſaje* , *ſajéſe* , *puîſance* ,
póſéſion , *aüſi* , &c.

Il ne faut pas pourtant retrancher toutes les létres doubles ; car il faut retenir
céles qui ſe prononſent ; comme dans
ces mos *honneur* , *homme* , *guerre* , *terre* ,
donner , *couronne* , *commandemant* , *tra-*
vailler , &c. Il faut méme les doubler
contre l'üzaje ordinaire , cand la prononſiaſion le demande ; comme on écrit
le mot *Rome* , par un ſeul *m* ; mais ſi
nous an conſidérons la prononſiaſion ,
nous trouverons qu'éle ét ſamblable à
céle du mot *comme* ; il faut donc doubler

C v

l'*m*, dans le premier de ces mos, aûfi bien que dans le fegond.

On fe trompe fouvant dans l'écriture de la Particule *ce* ; et dans céle des Pronoms *fes*, et *leur*.

Cand la particule *ce* fert à démontrer quelque chôze, on la commanfe toûjours par *c*, comme *ce Filozofe*, *ce Marchand*, *ce Capitaine*, *cét animal*, *cét homme*, &c. Mais cand éle a du ráport avec la perfonne d'un Verbe, on la commanfe toûjours par *f* ; comme *le Maître fe mét an colére*, *mon pére fe repoze*, *les jans de bien fe confolent*.

Le Pronom *fes*, fe doit écrire par *f*, cand il marque quelque pôféfion ; comme *un pére aime fes anfans* : et par *c*, cand il ne marque point de pôféfion ; comme *ces chofes là font admirables*.

Cand le Pronom *leur* ét joint au plurier d'un Nom Subftantif, on mét un *f*, à la fin ; comme *j'aï lû leurs livres*, *j'ai condamné leurs difcours* : mais lor qu'il précéde immédiatemant un Verbe, il n'î faut point d'*s*, quoi que le Verbe foit au plurier ; comme *je leur ai parlé, nous leur parlerons*.

Il ï a quelques années que j'antandis un plaizant Dialogue, antre une Dame de calité et le Précepteur de ſes anfans. Aprés qu'éle lût prié de lui anſegner l'Ortôgrafe Francéze, il lui fit conétre par le chanjemant de ſon viſaje, que la propozifion qu'éle lui fezét ne lui étét pas agréable : Ele ſe perſüada que ſon ſilance étét un éfét de la crainte qu'il avét de n'étre pas bien recompanſé : ce qui l'oblija à lui dire qu'il ne travaillerét pas inutilemant. Ie n'an doute pas Madame (lui répondit-il) mais vous me demandés une choze trés-dificile. Vous panſés, peut-étre, que je n'ai pas âſés de lumiére pour bien profiter de vos leſons (lui dit-éle avec douceur) il lui replica bruſquemant, que la conéſance de la Langue Latine, et de la Gréque étét necéſaire pour ſavoir l'Ortôgrafe Francéze.

Si vous me réduizés à la necéſité d'aprandre le Grec, et le Latin, pour ſavoir écrire la Langue Francéze (reprit-éle an riant) je ne vous donnerai pas la péne de m'inſtruire.

Céte Dame a été trés-heureuſe, de

n'avoir pas reſû l'inſtruxion d'un tel Maître ; et il ſerét heureus à ſon tour, s'il ſe metét an état de la conſulter, pour avoir la conéſance qu'éle lui avét demandée. Car comme les fames prononſent ordinairemant nôtre Langue, plus agréablemant que les hommes qui pâſent leur vie dans leur cabinet, à lire des livres Grecs, et Latins, il leur ét trés-facile de ſavoir l'Ortôgrafe Françéze ; puîque nous devons écrire comme nous parlons.

Ie me perſüade facilemant, que ceus qui ſont raizonnables aprouveront céte metôde ; mais ceus qui ſont éſclaves de l'üzaje, diront qu'éle ſera cauze d'un trés-grand mal. Ie n'antreprandrai pas de les guerir de celui qu'ils ont dans l'eſprit ; car comme ils s'atachent à leurs ſantimans avec beaucoup d'opiniâtreté, ils ſont incurables. Ie répondrai pourtant à leurs raizons, pour donner aus autres le moïen de les combatre.

CHAPITRE IV.

Des réponſes qu'il faut faire aus raiʒons
de ceus qui soûtiénent , que nous ne
devons pas écrire comme nous
parlons.

L ï a une grande diferance
antre ceus qui font des dificultés contre quelque vérité , pour an avoir une clai-
re conéſance ; & ceus qui tâchent de la
combatre : car les premiers l'aprouvent ; mais les autres ne la veulent pas
reſevoir : les premiers deziṛent d'étre
éclairés ; mais l'inclinaſion de vaincre ,
qui regne dans l'ame des autres , les
ampéche de ſortir de leur éreur. Anfin
les premiers propozent ordinairemant
leurs doutes avec beaucoup de mode-
ſtie ; mais la contanſion , qui acompagne la parole des autres , ét une preuve
trés-évidante de leur vanité.

Nous ne douterons pas de ces vérités, fi nous confidérons les diferans mouvemans de ceus qui font des dificultés, contre la conformité de l'Ortôgrafe Francéze avec la parole.

Les uns, qui aprouvent céte maniére d'écrire, propozent des doutes, pour an refevoir la folufion ; mais les autres s'opozent à fon établifemant.

Il famble (dizent les premiers) que la prononfiafion, étant fujéte au chanjemant, ne puîfe étre la régle infalible de l'Ortôgrafe. Ils ajoûtent à céte raizon la dificulté qu'aureent les anfans qui aureent été inftruis felon céte metôde, à lire les livres qui font imprimés an nôtre Langue.

Ie demeure d'acord que nôtre prononfiafion, ét aûfi bien que nôtre Langue fujéte au chanjemant ; puî que les lois humaines qui font juftes n'an font pas éxamtes ; à cauze de l'inconftance des axions qu'éles doivent regler ; et de la nature de nôtre raizon, qui ârive par degrés à fa perféxion. Mais ces propozifions, qui prouvent feulemant que l'inconftance de l'Ortôgrafe doit

fuivre céle de la prononfiafion, ne doivent pas nous ampécher de dire que
la prononfiafion doit étre la régle de
l'écriture ; parce que le portrait d'une
choze la doit reprézanter comme éle
ét pour étre véritable.

Si l'Ortôgrafe répond à la prononfiafion, les anfans aprandront à lire
trés-facilemant ; et ceus qui auront
été inftruis felon céte metôde, n'auront point de péne à lire les livres qui
font imprimés an nôtre Langue : car
l'Ortôgrafe i ét an partie conforme à
la prononfiafion ; et on leur fera conétre les defaus de l'autre partie, an leur
montrant à lire comme l'on parle.
Ajoûtons à ces raizons que les livres
qui font imprimés an nôtre Langue
font ; ou bons ; ou mauvais. S'ils font
bons, on an fera bien-tôt une fegonde impréfion, qui côrijera les defaus de la premiére ; mais s'ils font
mauvais, le tams, qui nous doit étre
trés-cher, ne doit pas étre amploïé à
leur lecture.

Comme ceus qui font les dificultés
précédantes, dezirent que l'Ortôgra-

fe foit réduite à la prononfiafion, je
panfe qu'ils feront contans des réponfes que je viens de leur faire ; mais je
n'efpére pas de pouvoir guérir ceus
qui ne peuvent foûfrir céte fafon d'é-
crire : car comme un Médecin qui an-
treprandrét de combatre une maladie
incurable, et un Orateur qui voudrét
exciter la compâfion dans l'ame de
ceus qui font miférables, travaille-
reent inutilemant, il faut faire le méme jujemant de celui qui voudrét obli-
ger les grans protecteurs de la Langue
Latine, à donner leur aprobafion à
l'Ortôgrafe Francéze que nous voulons établir.

Il faut pourtant écoûter leurs raizons, & i répondre, pour ampéchet
que leur maladie n'infecte les autres.

L'üzaje qu'il faut fuivre ; les équivoques qu'il faut éviter ; et l'origine des
mos de la Langue Francéze, font les
fondemans qui les antretiénent dans
leur éreur.

Il dizent que l'üzaje doit être la régle de la parole, & de l'écriture : Mais
ils doivent favoir que l'üzaje dans une
Langue

Langue, aûſi bien que dans l'Ortôgrafe, ét un tiran dont on peut abandon-
ner la loi, ſans agir contre céle de
Dieu ; et que l'on doit ſouvant qui-
ter pour ſuivre la raizon. Lor que les
faſons de parler, & d'écrire ſont in-
diferantes, l'üzaje doit regler la parole, & l'écriture : mais ſi l'üzaje an ét
mauvais, il faut ſe ſervir de la raizon
pour le combatre. Ie demande à ces
grans protecteurs de la coûtume,
d'où vient que les actes publics ne ſe
font pas en Latin, comme ils ſe fai-
zeent avant Franſois Premier ? que
nous ne parlons pas à prézant comme
on parlét il ï a cincante ans ? &
que nous avons retranché pluzieurs
létres dans nôtre maniére d'écrire ? ils
diront, peut-étre, que ces defaus ſont
des éfés de la corrupſion de nôtre nature : mais ceus qui ſont plus raizonnables qu'eus, diront que ces avantajes
ſont des éfés de la lumiére de ceus qui
ont travaillé à la perféxion de la Langue, et de l'Ortôgrafe Francéze.

Ie demeure d'acord qu'il ét trés-útile,
de ſavoir les diferantes ſignificaſions

qu'on peut donner aus mos qui sont
équivoques : car céte diftinxion des
mos ét necéfaire, pour découvrir clairemant la verité des propozifions qu'ils
compozent; & pour acorder les Filozofes, qui difputent ordinairemant du
nom, plûtôt que de la choze qu'il signi-
fie ; comme si nous voulons favoir, ce
que nous devons antandre par le mépris de la vie, & par celui de la mort,
nous devons confiderer, que le mot de
mépris ét équivoque. Car comme
nous ne méprizons pas les chozes que
nous eftimons, ni céles que nous craignons, le mépris ét opozé à l'eftime, et
à la crainte. Comme les chozes que
nous eftimons, font du nombre des
biens ; que céles que nous craignons
font du nombre des maus ; que la vie ét
un bien ; & que la mort ét un mal, il
faut âfûrer que celui qui méprize la
vie, ne l'eftime pas ; & que celui qui
méprize la mort, ne la craint pas.

Si nous voulons acorder les opinions
de ceus qui demandent, fi la vertu
morale ét naturéle à l'homme, nous
devons favoir que le mot de naturel

peut reſevoir pluzieurs ſignificaſions ;
comme il peut étre pris ; ou pour ce qui
vient de la nature ; ou pour ce qui ét
conforme à la nature de quelque choze. La vertu morale n'ét pas naturéle à
l'homme, an la premiére faſon ; mais
éle lui ét naturéle an la ſegonde. Si
nous prenons le mot de naturel , pour
ce qui nous ârive naturélemant ſans
péne , la vertu morale ne nous ét pas
naturéle ; parce que nous devons tra-
vailler avec ſoin pour l'aquerir : Si nous
le prenons, pour ce que nous pouvons
obtenir par l'éfort de nôtre nature , la
vertu morale nous ét naturéle : car il
i a céte diferance antre les vertus mo-
rales , & les téologales , que les premiéres ſont des éfés de l'axion de la
faculté qui les reſoit ; & que les autres doivent leur naîſance à la bonté
de Dieu , qui les imprime dans nos
ames ; pour nous élever à la joüiſance
de ſa gloire. Anfin ſi nous prenons le
mot de naturel , pour une choze pour
qui nous avons de l'inclinaſion , la
vertu morale nous ét naturéle.

Pour avoir une claire conéſance de

céte vérité, il faut confidérer l'homme,
avant qu'il tombe dans le peché, &
aprés qu'il i ét tombé.

Si nous le confidérons dans le premier état, le combat qui fe rancontre
antre fa volonté, & fon apétit, nous
fait conétre que fa volonté fe porte à
la vertu ; & fi nous le confidérons dans
le fegond, la douleur qu'il a d'avoir
quité la vertu, nousaprand qu'il a ancore
quelque inclinafion pour céte calité.

Puî qu'il faut ôter les équivoques,
pour conétre clairemant la vérité des
propozifions qu'ils compozent ; et
pour acorder les Filozofes, qui difputent ordinairemant du nom, plûtôt
que de la choze qu'il exprime, il famble que l'Ortôgrafe Francéze ne doit
pas répondre à la prononfiafion.

Il ét urai que fi nous écrivons comme nous parlons, pluzieurs mos qui fignifient des chozes trés-diferantes,
feront écris de la méme maniére ; mais
nous an poûrons facilemant ôter les
équivoques ; ou par la diferance qui
fe rancontre antre l'*i* Voïéle, & l'*i*
Confone ; ou par des acfans ; ou par la

fûite du difcours : et c'ét principalemant de céte troiziéme fource que nous
dêvons tirer la folufion de toutes les
dificultés qu'on peut faire fur ce fujét.

J'antans un Grammairien qui fe mét
an colére, cand on lui parle du retranchemant que je veus faire de l'*y*. Si
l'on retranche (dit-il) céte létre de la
Langue Francéze , on confondra les
jeus de Cartes , qui peuvent étre la
fource de pluzieurs maus , avec l'organe de la ûuë , qui ét le plus noble de
tous les fans ; mais fi nous écrivons le
mot *jeus* par un *j* , nous exprimerons les
jeus de Cartes , ou d'autres divertifemans ; et fi nous l'écrivons par un *y* ,
nous parlerons de l'organe de la ûuë.

Si ce Grammairien fezét réfléxion
fur la diferance qui fe rancontre antre l'*i* Voïéle, et l'*j* Confone, il conétrét
que fa plainte ét mal fondée : carfi nous
écrivons le mot *ieus* par un *i* Voïéle ,
nous parlerons fans doute de l'organe
de la ûuë; mais fi nous l'écrivons par un
j Confone , nous exprimerons les jeus
de Cartes , ou d'autres divertifemans.

Il dira que ceus qui ne conéfent pas

D iij

la diferance qui se rancontre antre l'*i*
Voïéle, et l'*j* Consone, poûront tomber dans l'éreur ; mais ils poûront l'é-
viter trés-facilemant, par la suite du
discours : car cand on leur dira qu'un
homme *a mal aus ïeus*, ou *qu'il aime
les jeus*, ils conétront clairemant qu'on
parle de l'organe de la ûuë dans la premiére propozision ; & que l'on parle
de quelque divertissemant dans la segonde.

Il ï a pluzieurs mos dans nôtre Langue qui signifient des chozes diferantes, et qui ont été toûjours écris d'une
méme maniére ; comme cand on dit
qu'on a fait grand' chére, et *qu'une
marchandize ét chere*, on écrit le mot
chére de la méme fason dans la premiére
propozision que dans la segonde ; mais
on peut conétre la diferante significa-
sion de ce mot, par l'acsant qui ét sur
l'*é* dans la premiére propozision.

Les Gammairiens dizent qu'il faut
écrire le mot *jeune*, sans *ſ*, cand il signi-
fie un anfant ; et par *ſ*, cand il exprime
une axion d'abstinance ; mais il faut
toûjours l'écrire d'une méme fason,

pour éviter vne mauvaize prononfiafion. Cand on l'écrira fans acfant, il fignifiera un anfant ; & cand on metra
un acfant circonfléxe fur la premiére
filabe, on exprimera une axion d'abfti-
nance. Ceus qui ne font pas réfléxion
fur les acfans poûront facilemant éviter l'équivoque du mot *jeune*, par la
fuite du difcours : car cand on leur dira
que *les jeunes jans fuivent le mouvemant
de la pâfion qui les agite*, et que *les
jans de bien obfervent les jeûnes qui
font commandés par l'Eglize*, il leur fera facile de conétre que le mot *jeunes*
ne fe prand pas de la méme fafon dans
la premiére propozifion que dans la fegonde.

Il faut (dizent les Grammairiens)
écrire le mot *maftin* par *f*, cand il fignifie un chien ; & fans *f*, cand il fignifie
la premiére partie du jour : mais il
faut toûjours l'écrire fans *f*, pour éviter une mauvaize prononfiafion. Cand
on metra un acfant circonflêxe fur la
premiére filabe, il fignifiera un chien ;
et cand on n'i metra point d'acfant,
il exprimera la premiére partie du jour.

La suite du difcours donnera à tout le
monde la facilité d'an ôter l'équivoque : car cand on dira *qu'un homme fe
leve de bon matin*, ou *qu'il a rancontré
un mâtin an fon chemin*, on conétra facilemant de qu'éle maniére le mot
matin fe prand dans la premiére propozifion, & dans la fegonde.

I'antans un Grammairien, grand
protecteur de l'üzaje, faire ces excla-
mafions ô tams ! ô mœurs ! ô fiécle
mal-heureus ! on veut nous oblijer à
écrire comme nous parlons ; on veut
donc confondre les Noms avec les
Verbes ; l'axion des Laquais avec céle
des Architectes ; l'axion d'un mafon
avec une partie du vizaje ; & les cors
humain, qui peut refevoir an quelque fafon la félicité éternéle, avec un
inftrumant qui fert à la châfe.

Si l'on ôte la létre *l* du mot *fils*, on
confondra (dit-il) un Nom avec le
Verbe *je fis*. Mais il devrét confiderer
qu'on poûra facilemant ôter l'équivoque de ce mot, par la fuite du difcours : car cand vn homme dira *j'aime
mon fis*, ou *je fis un difcours*, il nous
aprandra

aprandra clairemant par la premiére propozifion, qu'il aime celui qui lui doit la vie ; & par la fegonde, qu'il fit une harangue.

Si l'on écrit le mot *batirent* toûjours de la méme fafon, on confondra (dit-il) l'axion de quelques Laquais, qui fe batirent au Cours, avec céle des Architectes, qui bâtirent une maizon ; mais on diftinguera facilemant ces deus axions, fi l'on écrit le mot *batirent* fans *f*, cand on parlera de l'axion des Laquais, qui fe batirent au Cours ; et par *f*, cand on exprimera l'axion des Architectes, qui baftirent une maizon. On poûra éviter céte mauvaize prononfiafion, & ôter l'équivoque du mot *bâtirent*, an metant un acfant circonfléxe fur la premiére filabe ; cand on voudra exprimer l'axion des Architectes, qui bâtirent une maizon : on poûra aûfi conétre la diferante fignificafion de ce mot par la fuite du difcours.

Si l'on écrit le mot *bouche* toûjours de la méme fafon, on confondra (dit-il) une partie du vizaje avec l'axion d'un Mafon ; mais on i metra une claire di-

ftinxion : fi l'on écrit le mot *bouche*
fans *ſ*, cand on voudra fignifier vne partie du vizaje ; et par *ſ*, cand on voudra
exprimer l'axion d'un Mafon , qui
boufche un trou. On poûra éviter céte
mauvaize prononfiafion , & ôter l'é-
quivoque du mot *boûche*, an metant un
acfant circonflêxe fur la premiére filabe , cand on voudra exprimer l'axion
d'un Mafon , qui boûche un trou. On
poûra aûfi conétre la diferante significa-
fion de ce mot, par la fuite du difcours.

Anfin fi l'on écrit le corps humain
fans *p* , on le confondra (dit-il) avec un
inftrumant qui fert à la châfe. Mais fi
l'üzaje, qu'il fuit aveuglémant, n'avét
pas obfcurci la lumiére de fa raizon, il
faurét qu'il ét facile d'ôter l'équivoque
du mot *cors*, par la fuite du difcours :
car fi l'on dit *qu'un homme a le cors bien
fait*, ou *qu'il fonne bien du cors* ; on juje
facilemant que le mot de *cors* , ét
pris dans la premiére propozifion,
pour une partie de l'homme ; & qu'il
ét pris dans la fegonde, pour un inftrumant qui fert à la châfe.

Il faut faire le méme jujemant des autres équivoques qui peuvent naître de la conformité de l'écriture avec la parole ; c'ét à dire, qu'il faut âfûrer qu'il ét facile de les ôter, par la fuite du difcours.

Il nous refte à répondre au troiziéme fondemant des Grammairiens , qui foûtiénent que nous ne devons pas écrire comme nous parlons , à cauze que l'écriture doit marquer l'origine des mos que nous amploïons pour exprimer nos panfées. Si l'on écrit comme l'on parle , on ne conétra point (dizent-ils) l'origine des mos que nous metons an üzaje pour découvrir nospanfées ; & on détruira la beauté de la Langue Francéze, qui confifte dans le raport qu'éle doit avoir avec la Latine, & la Gréque.

Ces Grammairiens demeurent d'acord , que le public poûrét tirer de grans avantajes de la conformité de l'écriture avec la parole : mais l'origine des mos de la Langue Francéze ét cauze qu'ils s'opozent à l'établiffemant de la metôde qui nous prefcrit d'écrire comme nous parlons.

Il faut combatre leur éreur par ce raizonnemant : ou les Francés ignorent

la Langue Latine, et la Gréque ; ou ils
an ont la conéfance. Le nombre de ceus
qui les ignorent, furpâfe fans doute le
nombre de ceus qui les favent.

S'ils ignorent la Langue Latine, & la
Gréque, ils ne peuvent conétre le raport de la Langue Francéze avec éles ;
il ne faut donc pas les ampécher d'écrire
comme ils parlent ; car il n'ét pas rai-
zonnable de les priver d'un grand avantaje pour une choze qni leur ét inutile.

S'ils favent la Langue Latine, & la
Gréque ; ils poûront conétre le raport
de la Langue Francéze avec éles,
quoi que l'écriture de la Langue Francéze foit réduite à fa prononfiafion ;
comme bien que l'on écrive ce mot
propozifion, par un *z* dans la troiziéme
filabe ; et par un *f* dans la catriéme, on
conétra pourtant qu'il dérive du mot
Latin *propofitio* : quoi que l'on écrive
ce mot *perféxion*, par *x*, on conétra
facilemant qu'il dérive du mot Latin
perfettio. Ceus qui fauent la Langue
Gréque conétront clairemant que ces
mos *Filozofie*, *Fizique* dérivent des
mos Grecs Φιλοσοφία, Φυσικὴ, quoi

que l'écriture des mos Francés ne ré-
ponde pas antiéremant à céle des mos
Grecs dont ils dérivent.

Vn grand protecteur des Etimologies
dira, que l'origine de pluzieurs mos
nous fera inconuë, fi nous écrivons
comme nous parlons : mais ! quel mal
an ârivera-t'il ? les plus habiles Grammairiens ne font pas d'acord de la fignificafion de pluzieurs mos ; et ceus
qui pâfent les plus beaus jours de leur
vie dans la recherche des Etimologies,
devreent donner à leur conftance une
fin plus confidérable.

Les réponfes que nous venons de faire aus Grammairiens, qui foûtiénent
que nous ne devons pas écrire comme
nous parlons, nous oblijent d'établir
trois vérités qui font trés-importantes.

Premiéremant, que nous devons
écrire an nôtre Langue, comme châque nafion doit écrire an la fiéne.

An fegond lieu, qu'il nous ét trés-
utile d'aprandre la Filozofie an Francés.

An troiziéme lieu, que nous pouvons
étre favans, fans avoir la conéfance de
la Langue Latine.

E iij

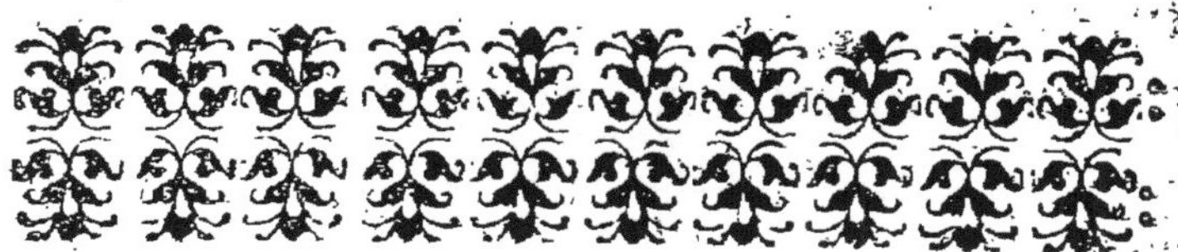

CHAPITRE DERNIER.

Des raizons qu'il faut mètre an vzaje pour montrer que nous devons écrire an nôtre Langue ; qu'il nous ét trés-utile d'aprandre la Filozofie an Francés ; & que nous pouvons être savans, sans avoir la conéfance de la Langue Latine.

OMME Ariftote nous anfégne au premier Chapitre du fegond livre de fa Fizique, que celui qni voudrét prouver l'exiftance de la nature, qui ét trés-claire, ferét ridicule, on poûrét condamner le defein que j'ai de prouver que nous devons écrire an nôtre Langue ; puî que céte vérité ét trés-évidante. Mais comme les chozes les plus claires peuvent étre combatuës, il faut répondre aus raizons de quelques efpris malades, qui foûtiénent que

ceus qui font des livres an Latin, tra-
vaillent ütilemant pour le bien public ; & que ceus qui an compozent
an Francés, n'anfantent que des mon-
ftres qu'il faudrét étoufer dans leur
naîfance.

La Langue Francéze (dizent-ils) ét
défectueuze ; les frazes de la Latine
font admirables ; le tour de fes périodes
charme l'ouïë ; et on ï peut trouver,
aûfi bien que dans la Langue Gréque,
un grand nombre der mos qui fignifient une méme choze. Comme la Langue Francéze ét privée de tous ces avantajes, éle ét inférieure aus autres.

Ces acuzafions font mal fondées ; et
ceus qui les font devreent étre châfés
de la République des létres , comme
les faus délateurs furent banis de céle
de Romme.

Ils font parétre qu'ils ne lizent pas
les bons livres qui fe font an nôtre
Langue : car s'ils faveent que l'on a
randu an Francés châque racine Gréque mot pour mot , ils jujereent que
la Langue Francéze n'a pas faute de
mos pour exprimer ce que fignifient

E iiij

ceus des Langues qu'on lui préfére.
Ele a dés frazes trés-riches , et an
abondance ; et le tour de fes périodes
ét trés-parfait.

Il ét urai qu'éle n'a pas comme la Langue Gréque , ni comme la Latine un
grand nombre de mos qui fignifient
une méme choze. Mais c'ét une perféxion de la Langue Francéze , qui
prouve qu'éle doit étre préferée à la
Gréque, et à la Latine.

Comme un méme mot de la Langue
Gréque fignifie pluzieurs chozes , éle
ét fujéte aus équivoques , qui ét un
grand defaut dans toutes les Langues;
et c'ét le fujét des veilles , & des mé-
ditafions des Grammairiens , qui tra-
vaillent avec plus de foin pour ôter
les équivoques de la Langue Gréque,
et de la Latine , qu'ils ne fereent
pour le bien de l'Etat, ni pour détrui-
re les éreurs qui ataquent à la Réligion.

Ces grans protecteurs de la Langue
Latine , apélent à leurs fecours un
grand nombre de peuples, qui préfé-
rent la Langue Latine à céle de leur

péis : mais la raizon doit toûjours
l'amporter fur les éxamples : car éle
n'ét que pour les fajes ; et comme le
nombre des fous ét infini , les plus
fous ont toûjours leurs famblables.

Ie demeure d'acord que l'on doit
aprandre le Latin , & les autres Langues , pour pluzieurs üzajes ; comme
pour fe faire antandre aus Etrangers ;
pour lire le nouveau Teftamant ; et
pour antandre les divins Interprétes
de l'Ecriture Sainte. Mais je foûtiens
que châque Nafion doit écrire an fa
Langue ; et que celui qui écrit an
Langue Etrangére fait préque une auſi
grande faute , que celui qui porte les
armes contre fon péis : car c'ét un figne trés évidant qu'il ne veut pas le
reconétre pour fa patrie. Les Romains
oblijeent les Colonies qu'ils anvoieent
dans les Provinces qui éteent âfujé-
ties à leur obéifance , à fuivre leurs
Dieus , et leur Langue. Nous avons
été garantis de leur Idolatrie par la
Foi ; & la raizon doit nous délivrer de
la fervitude de leur Langue.

Puî que nous devons écrire an nôtre

E v

Langue, il nous ét trés-utile d'aprandre la Filozofie an Francés ; car éle
nous donne le moïen de bien parler.

Ceus qui dizent que le vulgaire ét
l'auteur des mos que nous amploïons
pour exprimer nos panfées, poûront
douter de la vérité de céte propozifion ; mais ils doivent favoir que les
Noms font, ou primitifs, ou dérivés.

Il ét urai que les premiers depandent du vulgaire : mais comme les autres doivent exprimer la nature des
chozes, ou leurs cauzes, ou leurs pro-
priétés, il n'apartient qu'aus Sajes de
les invanter ; c'ét pourquoi la Filozofie nous donne le moïen de bien parler. Car comme pour bien parler il faut
donner des mos propres aus chozes, &
aus axions, il an faut conétre la nature par la Filozofie ; comme éle nous
découvre la diferance qui fe rancontre antre l'amour, la bienveillance, et
l'amitié. L'amour ét une pâfion qui
nous fait tandre à quelque bien, pour an
refevoir quelqu'avantaje ; la bienveillance nous fait vouloir du bien à la perfonne que nous aimons; & l'amitié nous

oblije à faire quelque choze pour éle.

Nous pouvons facilemant confondre l'indignafion, et l'anvie; mais la
Filozofie nous anfégne que l'indignafion ét une douleur que nous avons
de la profpérité de ceus qui font in-
dignes des biens qui pôfèdent; et que
l'anvie ét une douleur que nous
avons de la profpérité de nos famblables.

Nous ne pouvons favoir quel nom
nous devons donner propremant à
celui qui nuit aus autres, fans le fecours de la Filozofie, qui nous aprand
qu'il peut étre apelé; ou infortuné;
ou imprudant; ou injurieus; ou injufte;
car il agit; ou involontairemant; ou
volontairemant.

Il ét trés-évidant que celui qui nuit
involontairemant à quelqu'un ne doit
étre apelé injufte; mais il doit étre
apelé infortuné; comme celui qui bléfe
fon ami, an voulant s'opozer à la violance de l'ennemi qui l'ataque.

Celui qui nuit volontairemant aus
autres agit fans malice; ou fon axion
ét acompagnée de malice.

Le premier doit étre apelé imprudant.

Tous ceus qui ôfanfent quelqu'un
par malice ne font pas injuftes ; car an
céte rancontre celui qui obéit à quelque pâfion , comme à la colére , ét
diferant de celui qui agit avec
chois.

Le premier doit étre apelé injurieus , et le fegond refoit propremant
le nom d'injufte.

Nous poûrions montrer par d'autres
éxamples , que la Filozofie nous donne
le moïen de bien parler , c'ét pourquoi
nous devons âfûrer que les Francés
doivent l'aprandre an leur Langue. La
facilité qu'ils auront à la confevoir,
et l'üzaje qu'ils an doivent faire,
perfüaderont facilemant céte uérité à
ceus qui ne font pas efclaves de la coûtume.

Lor qu'on leur anfégne la Filozofie
an Latin , leur efprit ét ocupé à deus
chozes ; car il travaille à bien antandre
le Latin , & la choze qu'il exprime.
Mais lor qu'on leur anfégne la Filozofie an Francés , leur efprit n'étant ocu-

pé qu'à bien antandre les chozes , ils les conſoivent plus facilémant que céles qui leur ſont expliquées dans une Langue étrangére.

Ils peuvent ſe ſervir de la Filozofie dans la converſaſion , pour ï débiter agréablement les chozes qui ſont ütiles à la ſociété ; dans le bâreau , pour ï faire regner la juſtice ; & dans la chaire pour exciter leurs Auditeurs à faire le bien qu'ils doivent pourſuivre , & à s'élogner du mal qu'ils doivent éviter. Comme ils doivent parler an leur Langue dans la converſaſion, dans le bâreau & dans la chaire , il leur ét trés-ütile d'aprandre la Filozofie an Francés ; car ils an poûront tirer de grans avantajes dans la converſaſion , pour ſavoir ce qu'ils doivent faire cand ils antandent médire de leur prochain ; pour régler le plaizir qu'ils doivent donner aus autres dans les axions férieuzes; & pour conétre les defaus qu'ils doivent éviter dans les railleries. Ele fournira aus Avocas des lumiéres , pour protéjer l'innoſance contre la perſécuſion. Ele donnera anfin aus Prédicateurs la conéſan-

ce de toutes les vertus qu'il faut pratiquer, & céle des vices qu'il faut combatre.

Si nous confidérons les chozes qui
doivent étre expliquées dans la Filozofie, nous conétrons clairemant que
nous an pouvons tirer de grans avantajes : car nous ï devons principalemant établir les préceptes qu'il faut
pratiquer, pour s'opozer à la naîfance
de l'éreur qui acompagne ordinairemant les axions de la raizon : on ï doit
difpozer par ordre les principes jéné-
raus qui font les fondemans de toutes
les Siances : éle nous doit faire conétre
ce que nous fommes, & ce que nous
devons faire, pour nous conduire à la
conéfance & à l'amour de Dieu. Ele doit
anfin nous faire conétre Dieu, pour
l'honorer.

Comme éle nous éclaire dans les
chozes que nous devons faire pour la
conduite de nôtre vie, éle ét trés-ütile
aus fames ; puî qu'éles doivent aûfi
bien que les hommes éviter le vice, &
pratiquer la vertu. Nous avons prouvé
amplemant céte vérité dans le traité

que nous avons fait de la perféxion des
fames par la Filozofie, où nous avons
répondu aus objéxions de quelques en-
mis de ce féxe; & qui le font aûfi de la
lumiére, & de la raizon.

Ces vérités prouvent que nous devons énfegner la Filozofie an Francés,
pour donner auf fames, & à ceus qui
ne s'atachent pas à la Langue Latine
les conéfances qui leur font necéfaires, pour aquerir la perféxion de leur
antandemant, & de leur volonté.

La preuve de la troiziéme vérité que
nous devons établir pour finir ce petit
traité, peut étre facilemant tirée des
précédantes; c'ét à dire, qu'aprés
avoir montré que les Francés doivent
écrire, & aprandre la Filozofie an leur
Langue, il fera facile de prouver qu'ils
peuvent étre favans, fans avoir la conéfance de la Langue Latine.

Ariftote fans doute a été trés-favant;
puî qu'il nous a donné des régles infa-
libles pour éviter l'éreur dens nos rai-
zonnemans; qu'il a parlé des bonnes
mœurs plus parfaitemant que ceus
qui l'ont précedé; que les plus béles

concluzions de ceus qui l'ont fuivi font
fondées fur la vérité de fes principes ;
& qu'il a parlé de Dieu plus admira-
blemant que tous les Filozofes qui
n'ont été éclairés que de la lumiére de
la nature. Il ét pourtant trés-certain
que la Langue Latine lui a été inconuë. Comme il a expliqué la Filozofie
an fa Langue , pourquoi ne poûrons-
nous pas faire la méme choze an la nôtre ? Ses plus beaus livres font traduis
an Francés ; & Méfieurs de l'Académie
ont travaillé fi heureuzemant à la perféxion de nôtre Langue , & à la traduxion des plus beaus livres Grecs , &
Latins , qu'ils font avoüer à tous ceus
qui font raizonnables que les Francés
peuvent étre favans , fans le fecours de
la Langue Latine.

Si céte vérité étét bien imprimée
dans l'efprit des hommes , la plûpart
des jans de calité s'apliquereent aus
Siances avec autant d'ardeur , qu'ils
font parétre de promtitude à les aban-
donner. Comme les principes de la
Langue Latine ne leur donnent point
de plaizir ; ils quitent facilemant le Latin,

tin, & anſuite les Siances : mais s'ils
éteent perſüadés qu'ils poûreent étre
Savans, ſans avoir la conéſance de la
Langue Latine, comme ils ſont mieus
élevés que les hommes ordinaires ; &
que la Siance ét agréable, ils travail-
lereent auec ſoin pour ajoûter l'éclat
qui rejalit de céte calité à celui de leur
naîſance. Ie poûrés confirmer céte vérité par l'éxample d'vn grand Capitaine, îluſtre par le rang qu'il tient dans
le monde, & plus îluſtre ancore par
ſon mérite que par ſa naîſance. Ses
axions, qui le font eſtimer de tout le
monde, me perſüadent facilemant qu'il
ſerét trés-ſavant, s'il avét apris les
Siances an ſa Langue. On admire dans
la guerre ſon couraje, ſon jujemant,
& ſa prudance. Il ét ſi intrépide dans le
peril, qu'on n'a jamais ûu un plus
brâve ſoldat : il ét ſi judicieus dans le
Conſeil de guerre, qu'on ne ſaurét
trouver un plus ſaje politique ; & il
conduit les troupes qui depandent de
lui avec tant de prudance, que les
Capitaines les plus expérimantés font
gloire d'imiter ſes axions. Son pére lui

F

avét laîfé une Maifon fi charjée de dé-
tes & d'âfaires , que le réglemant an
paréfét impôfible : mais il lui a fait
chanjer fi parfaitemant de face , que
les hommes les plus éclairés dans les
âfaires le reconéfent avec plaizir pour
leur Maître. Il écrit & parle trés-pro-
premant : il écoûte avec douceur ceus
qui lui parlent : & les réponfes qu'il
leur fait, font toûjours des preuves de
la folidité de fon jujemant. Il ne faut
pas s'étonner, s'il n'a pas û beaucoup
d'atachemant à la Langue Latine dans
fa jeunéfe ; puî que c'ét une choze
commune aus perfonnes de grande calité que l'on ne contraint pas. Mais ! s'il
avét apris les Siances an fa Langue , il
ferét par la Siance , aûfi bien que par
fes autres calités , l'ornemant de nôtre
Siécle, & l'admirafion des Siécles futurs.

Comme la beauté des Siances depand
de l'ordre, je découvrirai ici celui que
j'ai gardé dans les livres que j'ai fais ,
pour expliquer la Filozofie ; & pour
établir les Fondemans de la Réligion
Crétiéne.

Ie découvre dans le premier l'ordre

dés principales chozes dont il ét parlé dans la Filozofie , qui ét divizée an cinq parties , & contenuë ẽn dis petis volumes.

Ie donne dans le méme traité l'art de difcourir des pâfions , des biens , & de la charité , pour faire conétre les avantajes qu'on peut tirer de l'ordre des chozes , & de celui des propozifions qu'il faut prandre pour an bien parler ; pour établir la metôde dont je me fervirai dans toute la Filozofie ; & pour donner les premiéres conéfances qui font necéfaires à ceus qui veulent s'apliquer à fon étude.

Ie montre à la fin du mémè ouvraje, que la Filozofie doit étre divifée an cinq parties , qui font la Logique , la Siance jénérale , la Fizique , la Morale , & la Téologie naturéle. Car comme nôtre raizon fe trompe fouvant , nous pouvons tirer de grans avantajes de la Logique, qui s'opoze à la naîfance de l'éreur qui acompagne ordinairemant les axions de nôtre raizon.

S'il ét utile d'éviter l'éreur , il n'ét pas moins necéfaire d'aquerir la coné-

fance de pluzieurs vérités par les principes de la Siance jénérale.

Nous ne devons pas nous contanter
d'éviter l'éreur par la Logique, ni de
chercher pluzieurs vérités par les principes de la Siance jénérale ; nous devons ancore tandre à la derniére perféxion de nôtre raizon, qui confifte dans
la contemplafion de Dieu.

La Téologie naturéle nous conduit à
céte perféxion. Mais comme éle ét tres-
relevée, nous n'i pouvons âriver que
par quelques degrés, qui font la Fizique, & la Morale. Car comme nous ne
pouvons conétre Dieu par lui-méme,
nous devons tâcher d'an avoir quelque
conéfance par fes éfés, que nous pouvons conétre par la Fizique.

Puî que les pâfions nous détournent
de la contamplafion de Dieu, nous devons tandre à la pourfuite des vertus
qui s'opozent à leur violance ; c'ét
pourquoi nous pouvons tirer de grans a-
vantajes de la Filozofie Morale, qui nous
donne des préceptes pour les aquerir.

Aprés que nôtre antandemant, &
nôtre volonté auront refû les difpozi-

tions qui font necéfaires pour conétre
Dieu, nous refevrons beaucoup d'uti-
lité de la Téologie naturéle , qui nous
atachera à la contamplafion de céte
premiére cauze.

Le fegond Volume contient les trois
premiéres parties de la Logique ; c'ét à
dire, qu'il nous anfégne à bien confevoir ; à bien jujer ; & à bien tirer toutes
fortes de concluzions.

La catriéme partie de céte Siance ét
contenuë dans le troiziéme volume,
qui découvre la metôde qu'il faut fuivre dans toutes les Siances, & dans tous
les difcours.

Le catriéme volume traite de la Siance jénérale , qui ét la fegonde partie de
la Filozofie.

La Fizique ét contenuë dans le cin-
quiéme.

Il ét urai que les Filozofes anfégnent
ordinairemant la Fizique aprés la Filozofie morale ; mais l'explicafion de la
Fizique doit précéder céle de la Filozofie morale : car il faut conétre la nature,
& l'origine de l'homme, par la Fizique,
pour découvrir par la Filozofie morale

ce qu'il doit faire, & où il doit âriver.

Ie divize céte Siance an catre parties.

La premiére traite de nôtre derniére fin, qui refoit le nom de Félicité.

La fegonde explique les principes des axions humaines.

La troizéme établit l'ordre des axions humaines.

Anfin la catrième nous découvre les vertus que nous devons pratiquer, & les vices que nous devons combatre.

Il ét parlé de la félicité dans le fiziéme volume; des principes des axions humaines, & des açions humaines dans le fétiéme ; les deus fuivans traitent des vertus, & des vices ; & le diziéme traite de la Téologie naturéle ; qui ét la derniére partie de la Filozofie.

I'ai fait ancore catre petits volumes an Dialogues, pour établir les Fondemans de la Réligion Crétiéne , avec pluzieurs préceptes pour la conduite de la vie humaine, & principalemant pour l'éducafion de la jeunéfe.

Le premier Dialogue découvre l'ordre des chozes qui font contenuës an ces catre volumes.

Anfin j'ai fait un petit Traité, pour faire conétre les avantajes que les fames peuvent refevoir de la Filozofie, & pricipalemrant de la Morale.

FIN.

EXTRAIT DV PRIVILEIE du Roi.

PAr Grace & Priviléje du Roi, il ét permis à Loüis DE LESCLACHE, de faire imprimer, vandre & debiter, par tel Imprimeur ou Librairé qu'il voudra *Les véritables Régles de l'Ortógrafe Francéze* ; & defanfes font faites à tous Imprimeurs & Libraires, à péne d'amande arbitraire, d'imprimer ni debiter ledit Livre, pandant l'efpace de cinq ans, à commanfer du jour qu'il fera achevé d'imprimer, ainfi qu'il ét contenu plus au long aufdites Létres données à Saint Germain en Laïe, le diziéme jour d'Avril, de l'année mile fis fans foifante & huit.

Par le Roi an fon Confeil.

BRVNOT.

Ledit Sieur DE LESCLACHE a permis à LAVRANT RONDET, Marchand Imprimeur Libraire à Paris, de vandre & debiter ledit Livre, suivant l'acord fait entr'eus.

Regiftré fur le Livre de la Communauté des Imprimeurs & Libraires de céte Vîle, fuivant l'Arêt de la Cour de Parlemant du 3. Avril 1653.
Signé D. THYERRY, Adjoint du Sindic.

Achevé d'imprimer, de 11. Juin 1668.